Das Geschenkbuch
für Hundefreunde

Petra Busch

Das Geschenkbuch für Hundefreunde

Band 3

Gedichte + Prosa

Bibliografische Information der Deutschen Nationalbibliothek: Die Deutsche Nationalbibliothek verzeichnet diese Publikation in der Deutschen Nationalbibliografie; detaillierte bibliografische Daten sind im Internet abrufbar über: http://www.dnb.de

Das Geschenkbuch für Hundefreunde
Band 3
Gedichte + Prosa
3. überarbeitete Auflage
© 2021 Busch, Petra

Lektorat: Mandy Kleinert MA., Berlin
Titelfoto © by Leonhard Ziefer, Berlin
Alle anderen Fotos © siehe Verzeichnis
Titelgestaltung: W&W GmbH Berlin
Satz und Layout W&W GmbH Berlin

Post für die Autorin via e-mail an:
info@ww-verlag.net

Herstellung und Verlag:
BoD – Books on Demand, Norderstedt

ISBN: 978 – 374 810 859 7

*Als Hund ist mein Rufuss manchmal
etwas anstrengend, als Mensch aber
ist er mir unersetzlich.*

*Winston Churchill
1874 – 1966*

Gewidmet allen Herrchen und Frauchen
und denen, die es werden wollen.

Falls Sie dieses Buch verschenken möchten ...
hier ist der Platz für Ihre Grüße + Wünsche

....

....

....

Inhalt ...

Wenn Sie einen Spezialisten zum Thema Lebensfreude brauchen, fragen Sie einen Hund. Der hat nämlich viel mehr Ahnung von Spaß, Genuss, Lebensfreude und Glücklichsein, als wir Menschen uns das vorstellen können. Mein Buch ist eine Sammlung von Begebenheiten, Erlebnissen und Gedanken zum Thema Glück und Lebensfreude von Hunden. Ideengeber und Initiator war mein Hund „Wilson", ein amerikanischer Malti-Poo.

Wilson hat mein Leben gänzlich verändert und unendlich bereichert. Wilson`s umwerfende Ehrlichkeit, seine bedingungslose Liebe und sprichwörtliche Treue beeindrucken mich Tag für Tag auf`s Neue. Mit erstaunlicher Cleverness, gepaart mit Komik und Niedlichkeit, begeistert Wilson mich und meinen Partner. Er ist der „Glücklichmacher" für uns, Tag für Tag, seit zehn Jahren.

Der größte Teil der Texte dieses Buches stammen aus meiner Feder, einige Texte von anderen Autoren und Autorinnen, die (wie ich) den Hund als DEN wahren Lebenskünstler begriffen haben. Bei den namentlich genannten Autoren (soweit sie noch leben) bedanke ich mich sehr herzlich für die Erlaubnis, deren Texte in dieser 3. Auflage, veröffentlichen zu dürfen.

Viel Spaß bei meinen gereimten Gedanken und den Versen der anderen, leider meist unbekannten, Autoren.

Gellertstadt Hainichen / Mittelsachsen
3. Auflage, im April 2021

Petra Busch

Der kleine Fratz ...

Bist in mein Leben reingetapst
als süßer, flauschig, kleiner Fratz.

Mein Herz hast du gleich einkassiert,
mit treuem Blick hypnotisiert.

Bin nun verlor`n, `s fiel dir nicht schwer.
Ich geb` dich niemals wieder her.

(pb)

Hundeaugen ...

Hundeaugen wunderschön,
seh`n dich strahlend an.
Sagen, woll`n spazieren geh`n,
komm, zieh dich schon an.

Leuchten, wenn du kommst nach Hause,
liebend schau`n sie hoch zu dir.
Schwänzchen wedeln, Bäuchlein kraulen,
bitte bleib doch jetzt bei mir.

Manchmal können sie auch sagen:
„Habe etwas angestellt.
Sei mir bitte nicht mehr böse,
mach sie wieder heil die Welt."

Könnte man denn solchen Augen
ernsthaft wirklich böse sein ?
Ist doch dieses kleine Wesen
unser ganzer Sonnenschein.

(Christina Telker)

Es war einmal ein Pudel ...

Es war einmal ein Pudel,
der zog an einer Nudel
von Oma Else`s Tellerrand.

Die Dame ganz erschrocken,
fiel gleich aus ihren Socken,
der Pudel schnell verschwand.

(pb)

Gib den Menschen ...

Gib den Menschen einen Hund
und seine Seele wird gesund.

(Hildegard von Bingen)
1098-1179

Egal wohin du gehst ...

Egal wohin du gehst -
ob auf Berge oder in`s Tal,
ob in Freude oder Qual,
ob auf steinig harten Wegen,
ob bei Sonne oder Regen -
an deiner Seite bleibt stets
dein Hund, dein Freund.

(pb)

Ein Zentimeter ...

Ein Zentimeter guter Hund ist mir lieber,
als ein kilometerlanger Stammbaum.

(Dana Burnett)

Das Ahornblatt ...

Es war einmal ein Ahornblatt,
das hatte dieses Baumeln satt.

Es ließ sich von dem Winde blasen
und fiel, anstatt auf grünen Rasen,
auf meines Hundes süßen Kopf.

Plopf.

(pb)

Gefunden auf der Autobahn ...

Weggeworfen und ausgesetzt -
ohne jedes Gefühl -
festgebunden am Parkplatzschild,
weil ihn keiner mehr will.

So fand ich einen kleinen Hund
und sprach lange mit ihm,
bis er sich endlich streicheln ließ
und dann einfach mit mir ging.

Irgendwo unter`m Weihnachtsbaum
lag er vielleicht als Geschenk.
Irgendwer hat ihn lieb gehabt.
Kann sein, dass er daran denkt.

Manchmal legt er den Kopf an mich.
Er ist längst hier daheim.
Und doch fragt mich sein treuer Blick:
Lässt du mich auch wirklich nicht allein ?

Gefunden auf der Autobahn -
welcher Mensch hat dir das nur angetan ?
Sagt bitte nie zu mir:
„Es ist doch nur ein Tier":

(Songtext der Kastelruther Spatzen)

Erfrischend ...

Noch vor der Hitze in der Früh',
ein kühles Bad im Inselsee.

Nass das Fell und nass die Locken,
rubbelt sich im Grase trocken.

Abgekühlt vom H2 O,
Ist mein kleiner Hund nun froh.

Ist der Vers halt etwas platt -
auch die Hitze macht mich matt.

(pb)

Hunde kommen in unser Leben ...

Hunde kommen in unser Leben, um zu bleiben.
Sie gehen nicht fort, wenn es schwierig wird,
und auch, wenn der erste Rausch verflogen ist,
sehen sie uns noch immer mit genau diesem
Ausdruck in den Augen an.

Das tun sie bis zu ihrem letzten Atemzug.
Vielleicht, weil sie uns von Anfang an als das
sehen, was wir wirklich sind: Fehlerhafte,
unvollkommene Menschen.

Menschen, die sie sich dennoch genau so
ausgesucht haben.
Ein Hund entscheidet sich einmal für den Rest
seines Lebens.

Er fragt sich nicht, ob er wirklich mit uns alt
werden möchte. Er tut es einfach.
Seine Liebe, wenn wir sie erst verdient haben,
ist absolut.

(Pablo Picasso)
1881-1973

In hohem Grase ...

In hohem Grase liegen oder tollen,
Blümchen biegen,
am Stöckchen knabbern wie sie wollen,
oder einfach nur rumliegen.
Lebensfroh,
Holdrio !   *(pb)*

Was macht man nur ...

Was macht man nur mit diesem Köter ?
Vielleicht `ne Zeitung auf den Pföter ?
Er schaut mich an, der Bösewicht,
nein, diesmal schaff ` ich`s nicht !

Auf frischer Tat soll man doch strafen
und nicht, wenn er grad süß geschlafen.
Der Hund versteht auch so ganz gut
und tags darauf nichts Böses tut.

Wie`s weitergeht, bleibt jetzt noch offen,
er lernt es noch - wir wollen hoffen.

(Autor unbekannt)

Hundewetter ...

Es regnet auf den Sonnenhut.
Das tut nicht nur dem Hut sehr gut.
Da tanzen Hase und Frau Meise
vor Glück auf ihre Art und Weise.
Nur für den faulen Setter
ist das ein Hundewetter.

(pb)

Seelenhunde ...

... hat sie jemand genannt.
... jene Hunde, die es nur einmal gibt im Leben.
... jene Hunde, die wie Schatten waren.
... wie die Luft zum atmen.
... jene Hunde, die uns ohne Worte verstanden.

(Antoine de St. Exupèry)
1900-1944

Wilson interessiert das nicht ...

Die Marktfrau tut was Neues kund,
Wilson interessiert das nicht.
Das hat auch ein besond`ren Grund,
er schaut nach Mädels, dieser Wicht.

(pb)

Hundefreundschaft ...

Treue ist mir selbstverständlich,
immer bin ich für dich da.
Gleich, wie du mich auch behandelst -
immer will ich sein dir nah.

Hab` ein Herz voll großer Liebe
und auch immer für dich Zeit,
würde alles für dich geben,
bin zur Wache stets bereit.

Täglich kuschel` ich mit dir,
mag das Streicheln deiner Hände.
Doch dann gehst du fort von mir,
und ich seh` nur an die Wände.

Endlich kommst du dann nach Haus`,
und ich muss nicht länger warten.
„Komm, wir beide geh`n jetzt raus,
wollen spielen in dem Garten."

Stets bin ich nur für dich da,
stets gehört mein Leben dir -
ob bei Nacht oder am Tage.
Hältst du auch so treu zu mir ?

(Christina Telker)

Müller`s Lumpi ...

Der süße Duft der Läufigkeit
riecht Müller`s Lumpi meilenweit.

Da hilft kein Pfeifen und kein Ruf,
er muss auf Nachbar´s Hilde druf.

So wird aus Mami`s Ödipus
ein liebestoller Pfiffikus
der brünstig voller Fruchtbarkeit
die heiße Dame gern besteigt.

Und war er nicht ganz doof dabei,
gibt´s kleine Hundis 1 ... 2... 3 ...

(pb)

+

Ein guter Hund ...

Ein guter Hund stirbt nie,
er bleibt immer gegenwärtig,
er wandert neben dir an kühlen Herbsttagen,
wenn der Frost über die Felder streift
und der Winter näher kommt,
sein Kopf liegt zärtlich in deiner
Hand, wie in alten Zeiten.

(Mary Carolyn Davies)
1888-1940

Ohne Hund ...

Ohne Hund wäre ...
mein Haus sauber,
mein Portemonnaie voller,
meine Wege ungebundener,
mein Leben armseliger,
meine Gefühlswelt stumpfer,
mein Lachen seltener,
mein Herz leerer.

(pb)

Mein Hund, der Kapitän ...

Mein Hund, er ist der Kapitän
auf uns'rer schnellen Jolle,
Er segelt mit, ganz souverän
und ist so stolz, wie Bolle.

Mein Hund sitzt vorne auf den Bug
und schaut hinaus auf's Meer.
Er navigiert das Schiff sehr klug,
als wenn's ein Profi wär.

Mein Hund spielt den Klabautermann
auf uns´ rem Segeltörn.
Er bellt „Ahoi" bei jedem Kahn,
wie´s Seemänner so tun.

Mein Hund, der ist der Kapitän
und Leut`, ich sag` euch was,
im Bug wird er bald wieder steh`n,
wir hatten so viel Spaß.

(pb)

Es wird Nacht ...

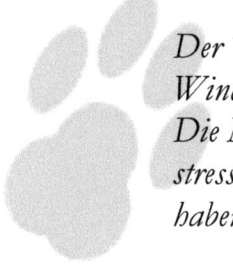

Der Tag legt sich bald schlafen.
Windstill - keine Brise weht.
Die Menschen, die wir trafen,
stressvoll und sehr aufgedreht,
haben ihre Türen nun zu gemacht.

Es wird Nacht.

Ich sitze bei einem Glas Cherry.
Mein Hund träumt auf seinem Platz
von der schönen Dame Mary,
die er heut` sah im Café Flaks.
Klaviermusik erklingt ganz sacht.

Es wird Nacht.

Ein leises „Wuff", ein kurzes Zucken
seiner Pfötchen erfüllt den Raum.
Werd´ meinen Tropfen hinunterschlucken,
dann begegnest du mir im Traum
bevor der neue Tag erwacht.

Gute Nacht.

(pb)

Dein Hund, dein einziger Freund ...

Nichts auf dieser Welt ist uns sicher,
deine eigene Frau mag dich verlassen.
Deine Kinder mögen sich als undankbar erweisen,
trotz aller Opfer, die du für sie gebracht hast.

Deine besten Freunde,
denen du jahrelang vertraut hast,
können dich eines Tages betrügen.
Du magst dein Vermögen verlieren.
Dein Ruf, deine Ehre können in ein Nichts zerrinnen.

Diejenigen, die am meisten vor dir in die Knie
gesunken sind, werden vielleicht die ersten Steine
nach dir werfen, wenn sie dich nicht mehr brauchen.

Der einzige, absolut uneigennützige Freund,
den der Mensch in dieser selbstsüchtigen Welt hat,
ist sein Hund.

In der ärmsten Hütte ist er genau so glücklich, wie im
schönsten Palast. Bei dir will er sein, egal wo.
Der einzige, der dich nicht betrügt, ist dein Hund.

Wenn du ein Bettler bist, bewacht und verehrt er dich,
als wärest du ein Prinz.

Wenn du von Haus und Hof vertrieben wirst,
wenn sie alle, alle dich verlassen,
dein Hund verlässt dich nicht.

Hast du kein Obdach mehr und musst im Freien
schlafen, will er keine andere Belohnung als bei dir
zu sein.

Auch wenn du verhungern müsstest, bliebe er dir treu.
Er hungert mit dir und küsst und leckt die leere Hand,
die ihm kein Futter mehr reichen kann.

Solltest du plötzlich tot umfallen, er weicht nicht von
deiner Seite. Er muss eher erschossen werden, als dass
er dich im Stich ließe.

Bist du dann in der kühlen Erde und kennt er die
Stelle, dort an deinem Grab findet man ihn.

Er scharrt, als wolle er dich wieder ausgraben.
Er legt seinen Kopf zwischen die Pfoten und trauert
um dich, dein bester Freund, dein Hund.

(Autor unbekannt)

Lieber guter Weihnachtsmann ...

Lieber guter Weihnachtsmann,
wie doof, dass ich nicht beten kann.
Auch kann ich nicht die Pfötchen falten,
weil Hundetatzen so nicht halten.

Ist mir das Christkind deshalb bös`?
Ich gebe zu, ich bin nervös.
Ich wünsche mir ein neues Seil
zum Kauen - so ein buntes Teil.

Ich gebe gerne Schlabberküsschen
und „Pfötchen" kann ich auch ein bisschen.
Das führe ich auch gerne vor,
dem Christkind, hoch am Himmelstor.

Meinst du, du könntest an mich denken
und mir ein neues Kauseil schenken ?
Ich lege dir auch prompt dafür
mein` Lieblingsknochen vor die Tür.

Als kleiner fellbewachs´ner Bengel
hab´ ich im Herzen viele Engel,
denn beten fängt im Herzen an.
Vergiss mich nicht, du Weihnachtsmann.

(pb)

Warum ...

Du hast in meine Augen gesehen,
da war es schon um dich geschehen.

Du hast mich mit nach Hause genommen,
ich bin ganz neugierig mitgekommen.

Du hast mich stolz spazieren geführt,
die Bewunderung der Passanten gespürt.

Du hast mit mir getobt und gespielt,
und dich eine Weile glücklich gefühlt.

Dann hab ich auf den Teppich gemacht.
Du hast nicht mehr so freudig gelacht.

Dann musstest du fort, ich weiß nicht wohin,
ich hab`nur gespürt, wie lästig ich bin.

Dann wurde ich größer, dir fehlte die Zeit,
ich wollte zwar brav sein, doch bald gab es Streit.

Dann hab` ich vor Frust die Möbel zerkaut,
das war dir zu viel, und du wurdest laut.

Du hast von Erziehung und Härte gesprochen,
und ich habe deinen Zorn gerochen.

Du hast mich verbannt aus deinem Haus,
aus dem Zwinger kam ich nur noch selten raus.

Du hast mir Futter und Wasser gegeben
und gedacht, das sei genug für mein Leben.

Du hast ein neues Spielzeug gefunden
hattest die Nase voll von uns Hunden.

Dann wurde ich krank, lag einsam im Stroh,
ich dachte, mein Herz wird nie wieder froh.

Dann hast du bei mir nicht mehr sauber gemacht,
mir nur noch meinen Fressnapf gebracht.

Dann hab` ich gewusst, bald ist es vorbei,
denn niemand hört meinen stummen Schrei.

Dann ging ich hinüber, weit von dir fort,
an einen neuen, besseren Ort.

Es bleibt nur ein trauriger Blick zurück.
So viel Leid für ein klein wenig Glück ?

Ich frage dich, warum liebtest du mich ?
Ich war doch nur ein Spielzeug für dich.

Du hast mich gewollt, du hast mich bekommen,
du hast mir mein ganzes Leben genommen.

Warum liebtest du mich ? Hast mich niemals begriffen.
Hast auf alle meine Gefühle gepfiffen.

Dein Herz ist kalt, wird niemals warm.
Mit all` deinem Spielzeug ... bist du so arm ....

(Autor unbekannt)

Ach du dickes Ei ...

Der Osterhase hatte hier
am Wochenende im Kurier
die Hühner alle aufgerufen,
sich auf das Legen zu berufen,
damit die Menge aller Eier
gesichert ist zur Osterfeier.

Darauf das Federvieh sofort
begann den Eierleg - Rekord.
Die Hühner gackern motiviert,
die Prozedur läuft wie geschmiert.
Im Hühnerstall herrscht großer Stress,
es wird gegackert und gepresst.

Den Hühnern, die das noch nicht kennen
fängt schon der Bürzel an zu brennen,
bevor sie überhaupt gelegt,
sich hinten nicht mal 'was bewegt.
Sie gackern, machen ein Geschrei
um jedes nicht gelegte Ei.

Die alten Hennen in dem Stall,
die kennen `s schon vom letzten Mal.
Sie sitzen ruhig auf der Stange
und sind erfahren schon im Gange.
Der Hahn in seiner besten Rolle
macht dann die Qualitätskontrolle.
Für Eierschutz und Sicherheit
steht Wilson im Büro bereit.

Er überwacht mit Sorgfaltspflicht
die Eier jeder Legeschicht,
und wehe, es schleicht sich einer an,
dann bellt er den Betrieb zusamm`.

Wilson macht auch den Chefdesigner,
bestellt die Farben gleich per Eimer.
Sitzt im Büro mit Schlips und Kragen,
die Hasen soll`n die Eimer tragen.

Das Problem hat Meister Lampe,
Wilson schickt ihn an die Rampe.
Tausende Eier zu verteilen,
da muss er sich auch mal beeilen.

(pb)

Charaktersache ...

Möchtest du ein Haustier haben,
so bedenke erst einmal:
Für den Hund bist du Familie,
für die Katze Personal.

(pb)

Die Weihnachtsbuletten ...

Das ganze Jahr läuft alles prompt,
jeden Tag das Futter kommt,
Frauchen lieb und Herrchen still,
ich kann machen, was ich will.

Kann Katzen jagen, fress` Tulpenköpfe,
kipp` sie um, die Futternäpfe,
piss` an die Bank im Garten rechts,
zerbeiß` das ganze Weingewächs.

Keine Sau stört meine Kreise,
alles gut, die Menschen leise,
ich kann machen, was ich will,
keiner sagt was, alles still.

Kein Mensch beschwert sich irgendwann,
doch dann rückt die Weihnacht an.
Frauchen, Herrchen, Kind und Kegel,
„hysterisch" wird zur Weihnachtsregel.

Der Heiligabend ist die Hölle.
Den Lärm quittier` ich mit Gebelle.
„Platz" und „Pfui" hör` ich von allen.
Weihnacht wird mir nie gefallen.

Tumult im Zimmer, nirgends Ruhe,
Herrchen macht ein Großgetue,
labert was vom „Weihnachtsmann"
mit Geschenken käm` der an.

Frauchen schaut auf mich hinunter,
„Na du Süßer?" sagt sie munter.
„Du kriegst auch was vom Weihnachtsmann",
ich knurre leise, Mann oh Mann.

Ich hab` Hunger, die Kinder nerven,
die werden gleich den Baum umwerfen.
Ein Napf voll Rinti, Hirsch mit Reis,
das wär` mir lieber, als der Scheiß.

Was der verschenkt, das kenn ich schon,
wie letztes Jahr, ein Gummihuhn.
Ein paar Buletten wär`n mir lieber,
statt dessen gibt`s nun Weihnachtslieder.

Gibt`s was zu fressen? Ich glaube kaum,
ich leg` mich unter`n Weihnachtsbaum.
Der Weihnachtsmann kommt gerade rein,
oh Gott, der müffelt wie ein Schwein.

Wo ham` die den denn aufgelesen?
Ist wohl ein „Angebot" gewesen,
vom Jobcenter, der Agentur?
Von Körperpflege keine Spur.

Den mag ich nicht, den knurr` ich an,
den blöden Stinker – Weihnachtsmann.
Weihnachtsmannservice für kleines Geld,
dort ham` die den wohl schnell bestellt.

Herrchen sagt noch „Pfui" und „Lass das",
ich hör nicht hin, ich denk`, ich mach` das.
Ich schleich` mich an den Weihnachtsmann,
beiß` ihm in die Wade dann.

Ich beiß` ihm noch in`s andere Bein,
ich mag den nicht, das Stinkerschwein.
Ich hab` nicht richtig zugelangt,
nur ein wenig, Gott sei Dank.

Der Weihnachtsmann fällt schreiend um
Ich wusste gleich, der hat kein` Mumm.
Herrchen zetert, Frauchen heult,
ihr neues E-Bike ist verbeult.

Jetzt gibt`s Ärger, ich muss hier weg,
am besten gleich in mein Versteck.
Doch auch die Küche wär` nicht schlecht,
grad` zum Verstecken wär`s mir recht.

Wie jedes Jahr, da würd` ich wetten,
steh`n in der Küche die Buletten.
Ich folge dem Bulettenduft,
im Weihnachtszimmer ... dicke Luft.

Der Weihnachtsmann ist stinkesauer,
andauernd schreit das Weichei „Aua“.
Herrchen schimpft, zwei Omas jammern,
die Kinder sich an Frauchen klammern.

Das ist echt gut, die sind beschäftigt,
so fühl` ich mich jetzt voll berechtigt,
hol` mir Buletten aus der Dose,
eingelegt in Bratensoße.

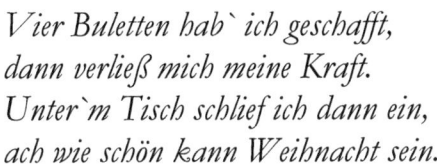

Vier Buletten hab` ich geschafft,
dann verließ mich meine Kraft.
Unter`m Tisch schlief ich dann ein,
ach wie schön kann Weihnacht sein.

Rülps ...

(pb)

Wörterbuch für Hunde, um Frauchen besser zu verstehen ...

Anspringen:

Es ist die logische Antwort eines jeden wohlerzogenen Hundes auf das blöde Kommando „Sitz".
Besonders lohnend, wenn Frauchen ausgehfertig gekleidet ist. Unglaublich eindrucksvoll bei Regen und in der Öffentlichkeit.

Anstupsen:

Eine gute Methode, Frauchens volle Aufmerksamkeit zu erlangen, wenn sie gerade eine Tasse Kaffee trinkt.

Baden:

Es ist das Signal, dass Frauchen heute das Badezimmer putzen will. Du kannst ihr dabei helfen, indem du dich möglichst häufig kräftig schüttelst und alles nass machst.

Donner:

Dies ist ein Signal dafür, dass die Welt untergeht.
Also sofort laut bellen, jaulen, trampeln und alle auf den bevorstehenden Weltuntergang aufmerksam machen.

Fahrräder:

Zweirädrige Trainingsmaschinen, die erfunden wurden, damit Hunde ihr Körpergewicht kontrollieren lernen. Für den maximalen Trainingserfolg musst du dich hinter einem Busch verstecken und dann plötzlich laut bellend hervorschnellen und einige Meter neben dem Fahrrad herlaufen. Der Fahrer wird daraufhin seitwärts schlingern und in`s Gebüsch fallen. Du kannst das Training von der rechten und von der linken Seite machen. Je nach dem, wie du deine Körpermasse einsetzen willst.

Hundebett:

Jede weiche, saubere Oberfläche, wie z.B. die helle Tagesdecke im Gästezimmer oder das neu ausgepolsterte Sofa im Wohnzimmer.

Leine:

Ein Riemen, der an dein Halsband gebunden wird und es dir ermöglicht, deinen Menschen überall dorthin zu führen, wo du es willst. Wenn der Mensch zu sehr nach hinten zieht, musst du einfach mehr Kraft aufwenden, dann schleifst du ihn hinter dir her.

Mülleimer:

Eine Tonne, die deine Nachbarn einmal in der Woche rausstellen, um deinen Scharfsinn zu prüfen. Du musst dich auf die Hinterpfoten stellen und versuchen, den Deckel mit der Nase zu öffnen. Wenn du es richtig machst, wirst du belohnt mit Margarinepapier zum Zerreißen, Rinderknochen zum Zerbeißen und lecker schimmeligen Brotkrusten.

Papierkorb:

Dies ist ein mit Zetteln, Briefumschlägen und altem Bonbonpapier gefülltes Hundespielzeug. Wenn dir langweilig ist, schmeiß ihn um und verteile das Papier im ganzen Haus, bis dein Mensch nach Hause kommt. Der spielt dann mit.

Rempeln:

Gute Möglichkeit, wenn das normale Anstupsen nicht den gewünschten Erfolg bringt, besonders wirkungsvoll in Kombination mit Hochspringen.

Sabbern:

Die sicherste Methode, etwas vom Frühstückstisch abzubekommen. Du musst dabei traurig gucken.

Schnüffeln:

Eine soziale Geste, wenn du andere Hunde begrüßt.
Geht auch bei Menschen ganz gut.

Sofa:

Das Gerät zum Schnute putzen, so eine Art
stationäre Serviette.

Taubheit:

Eine akut einsetzende Krankheit, wenn Menschen
blöde Befehle geben oder dumm rumlabern.

Jetzt versteht ihr Hunde Herrchen und Frauchen
viel besser.

(pb)

Sein treuer Hund ...

In einem alten Bauernhaus,
umschlungen von wildem Wein,
lebte ein Tischlermeister Klaus
mit seinem Hund allein.

Seine Frau war früh verschieden.
Kind und Verwandte hat er nicht.
Sein treuer Hund ist ihm geblieben,
der nicht von seiner Seite wich.

Und als Klaus tot war,
blieb sein Hund,
Stund um Stund.   (pb)

Aus dem Tagebuch eines kleinen Hundes ...

07.30 Uhr
Aufgestanden und Streckerchen gemacht, in den
Garten gerannt, Bäumchen beschnuppert, roch
fein, Bein gehoben.

08.30 Uhr
Wassernapf umgestoßen, alles pitsch-patsch-nass,
Schimpfe gekriegt. Ist „Pfui".

08.45 Uhr
In der Küche gewesen, roch gut, rumgeschnuppert,
rausgeflogen. Küche ist „Pfui".

09.00 Uhr
In Herrchens Arbeitszimmer gewesen, Fransen von
Seidenteppich abgefressen, rausgeflogen, Schimpfe
gekriegt. Arbeitszimmer ist auch „Pfui".

09.30 Uhr
In die Diele kleine Pfütze gemacht. Nacken
langgezogen und geschüttelt worden, weil Pfütze in
Diele machen, auch „Pfui", wieder Schimpfe
gekriegt, ab ins Körbchen.

10.15 Uhr
Zeitung von Couchtisch gezogen, feine Spieljagd mit
gemacht, bis ganz kleine Schnitzel, ist „Pfui".

10.30 Uhr
Schönen Spaziergang mit Frauchen gemacht. Viele
Ecken und Bäumchen beschnuppert, überall meine
„Nachricht" hinterlassen, war nicht „Pfui".

11.30 Uhr
Wieder zu Hause, nachgedacht, was tun, auf
Ledercouch gehopst, Loch gebuddelt zum Reinlegen,
runtergeschmissen, rausgeflogen. Schimpfe gekriegt,
ist „Pfui".

11.45 Uhr
Hinterm Balla hergerannt, quer durchs Wohnzim-
mer, Blumenvase umgerannt, hat doll gescheppert,
Schimpfe gekriegt, ist ganz doll „Pfui“.
Im Körbchen ne Runde geschlafen.

13.00 Uhr
Fresschen-Zeit. Schon wieder das Gleiche wie gestern.
Nur gerochen und geschaut, ob was Besseres kommt.
Kam nichts, Schale wurde wieder weggenommen,
ich bisschen geknurrt, Schimpfe gekriegt, wieder
„Pfui“.

14.00 Uhr
Wieder in Küche gewesen, Frauchen im anderen
Zimmer, es roch fein, leckere Scheibe Fleisch
gemopst, Frauchen mich erwischt, Fleisch wegge -
nommen, Schimpfe gekriegt, wieder den Nacken
langgezogen und wieder „Pfui“. Ich beleidigt,
kleines Nickerchen gemacht.

15.30 Uhr
In Garten gegangen, fein gespielt, Mistkäfer
verfolgt und aufgefressen, schmeckte nicht besonders,
dann tiefes Loch gebuddelt bei Frauchens Blumen -
beet, wieder erwischt worden und böse Schimpfe
gekriegt, war auch „Pfui“.

16.00 Uhr
Loch im Zaun entdeckt, allein auf Straße gerannt,
Autoreifen quietschten, noch mal gut gegangen.
Frauchen kam gerannt, wieder den Nacken lang -
gezogen und wieder „Pfui", anschließend dicken
Knutscher auf `s Fell. Warum, weiß ich nicht.

17.00 Uhr
Hurra, es gibt wieder Fresschen, Hähnchen mit
Reis, hat lecker geschmeckt, Frauchen zum Dank
Hände geleckt, war nur ein bisschen „Pfui".

18.00 Uhr
Schlafzimmertür offen, nichts wie rein und auf die
Betten, Kissen angeknabbert, rausgeflogen, ist
auch „Pfui".

18.30 Uhr
Viel langweilig, Erde aus großem Blumentopf
ausgebuddelt und im Wohnzimmer verstreut und
drauf gewälzt. Wieder Schimpfe gekriegt und viele
„Pfui`s".

19.00 Uhr
Herrchen kommt nach Hause. Doll gefreut, vor lau-
ter Freude Pfützchen gemacht auf schönen Teppich.
Schimpfe gekriegt, ist auch „Pfui".

20.00 Uhr
Herrchen während des Fußballspiels im
Fernsehen Latschen gemopst und zwei Ecken
angeknabbert. Einen dicken Klaps auf den Po
gekriegt, böses „Pfui".

20.30 Uhr
Beleidigt in`s Körbchen gegangen, in äußerste
Ecke, nachgedacht, festgestellt, dass (fast) alles,
was Spaß macht „Pfui" ist. Wozu dann kleiner
Hund auf Welt ?

Schön geträumt, alles ohne „Pfui"… Wau Wau

(Autor unbekannt)

Regentanz ...

Tropfen auf der Haut,
wie feiner Blütenstaub.
Es fängt leise an zu regnen.

Tier- und Pflanzenwelt,
denen die Nässe fehlt,
ihre Köpfe gen Himmel heben.

Blätter wippen im Takt,
ich tanze im Regen nackt.
Wie Musik erwacht das Leben.

(pb)

Der Groomer ...

Einst war ich beim Groomer Beck,
schnitt er mir mein Krönchen weg !
Da war mein Köpfchen völlig platt
und Mami darauf übelst satt.

Seitdem schert sie nun meine Pfötchen,
Ohren, Schwänzchen und das Krönchen.
Dabei ist sie gar kein Frisör,
doch wie sie`s macht - à la bone heure.

(pb)

Herz gesucht ...

Herz gesucht, auch leicht getragen,
und nicht kreislaufstörungsfrei,
aber fähig, gut zu schlagen
und vor allem herzlich treu.

Das im Dünnen wie im Dicken,
stets Gefährte bleibt und Freund
und aus völlig freien Stücken
ehrlich ist - und nicht nur scheint.

Das nicht lügt und nicht gemein ist
und nie ander´n sich verschreibt,
das, wenn man in Not allein ist,
trotzdem da ist - und auch bleibt.

Herz gesucht - und schon gefunden,
klug, bescheiden und gesund,
treu sogar mit Überstunden:
Denn, ich habe einen Hund.

(Autor unbekannt)

Still ... ruhig ...

Die Sonne ist schon erwacht
und kämpft sich über den Berg. Bedacht,
träumerisch versunken trink` ich Kaffee.
Still ... ruhig ...

Ich höre ein leises Summen umher.
Zwischen strahlenden Blüten fliegen schwer
beladen die Teddys der Lüfte.
Still ... ruhig ...

Fasziniert sah ich den fleißigen Hummeln zu,
wie sie im Pollenmeer baden und im Nu
ihren Rüssel in die Dolden pressen.
Still ... ruhig ...

Mein Hund liegt bei mir auf der Wiese
ganz gelassen und ich genieße
Still ... ruhig ...
den wunderbaren Sonntagmorgen.

(pb)

Mein Hund ...

Er ist mein drittes Auge, das über die Wolken blickt,
mein drittes Ohr, das über die Winde lauscht.
Er ist ein Teil von mir, der sich bis zum Meer erstreckt.

Wie er sich an meine Beine lehnt,
beim leisesten Lächeln mit dem Schwanz wedelt,
seinen Schmerz zeigt, wenn ich ohne ihn ausgehe,
sagt mir tausendmal,
dass ich der einzige Grund seines Daseins bin.

Habe ich Unrecht, verzeiht er mir mit Wonne.
Bin ich wütend, bringt er mich zum Lachen.
Bin ich glücklich, wird er vor Freude fast verrückt.
Mache ich mich zum Narren, sieht er darüber hinweg.
Gelingt mir etwas, lobt er mich.

Ohne ihn bin ich nur einer unter Vielen.
Mit ihm bin ich stark. Er ist die Treue selbst.
Er lehrt mich die Bedeutung der Liebe.
Durch ihn erfahre ich seelischen Trost
und inneren Frieden.

Er lehrt mich verstehen, wo vorher nur Ignoranz war.
Sein Kopf auf meinen Knien heilt meine
menschlichen Schmerzen.
In seiner Gegenwart habe ich keine Angst
vor Dunkelheit und Unbekanntem.

Er versprach, auf mich zu warten,
wann und wo auch immer, ich könnt` ihn ja brauchen.
Und ich brauche ihn, wie ich es immer getan habe.

Er ist eben mein Hund.

(Gene Hill)
1928-1997

So wie du ...

So wie du kann ein anderer Hund niemals sein.
So bedingungslos und ehrlich bist nur du allein.

Wie dein Pfötchen sich auf meine Hand gelegt,
und dein Blick - wie einst - mich noch heut´ bewegt.

So wie du mit mir durch die Wälder streifst
und vor Freude dir ein hölzern` Stöckchen greifst.

Seit du fort bist lebt der Schmerz in mir
und ich spür`, wie ich manchmal allen Mut verlier`.

(pb)

Die Glühbirne und wie man sie wechselt ...

Wenn ein Hund eine Glühbirne auswechseln sollte und der Hund sprechen könnte, würde er vermutlich sagen ...

Golden Retriever:

„Der Tag ist schön, die Sonne scheint, wir haben das ganze Leben noch vor uns. Und du bist drinnen und ärgerst dich über eine kaputte Glühbirne?"

Border-Collie:

„Ich werde die Glühbirne tauschen, die Leitungen überprüfen und das Haus neu verkabeln, so dass alles dem neusten Stand entspricht."

Hovawart:

„Ich werde die Glühbirne bewachen, während der Border das Haus neu verkabelt."

Deutscher Schäferhund:

„Selbstverständlich werde ich die Birne auswechseln, sobald ich diese Leute aus der Dunkelheit geführt und in Sicherheit gebracht habe. Ich werde noch einen Kontrollgang machen, um sicherzugehen, dass ich niemanden vergessen habe."

Shi-Tzu:

„Auweia, Liebling, kann das nicht das Personal machen ?"

Labrador:

„Ich ? Echt ? Wirklich ich ? Ich darf das tun ? Biiiiittteee ! Darf ich ? Jetzt gleich ?"

Dackel:

„Wer kommt denn schon an so eine blöde Glühbirne ran ...... ? Ich nicht !"

Australian Shepherd:

„Treibt alle Birnen in einem kleinen Kreis zusammen und bewacht sie !"

Beagle:

„Das Ding, das ich gefressen habe, war eine Glühbirne ?"

Irischer Wolfshund:

„Kann das nicht jemand anders machen ? Ich bin gerade ein wenig depressiv ..."

Jack Russel Terrier:

„*Ich komme ran ... ich weiß es. Ich schaffe es. Noch zwanzig Sprünge und ich hab sie. Dann gehört sie mir, mir !*"

Rottweiler:

„*Sag noch EIN Mal, dass ich es nicht könnte !*"

Malamute:

„*Lass es den Border Collie machen. Während er beschäftigt ist, kannst du mein Futter zubereiten.*"

Greyhound:

„*Es bewegt sich nicht, wen interessiert es ?*"

Cocker:

„*Wozu wechseln ? Ich kann auch im Dunkeln auf den Teppich pinkeln.*"

Mastiff:

„*Mach es doch selber, ICH habe keine Angst im Dunkeln ...*"

Dobermann:

„Solange das Licht aus ist, kann ich ein Nickerchen
auf der Couch machen."

Boxer:

„Wer braucht schon Licht ? Außerdem quietschen
Glühbirnen nicht."

Pointer:

„Ich sehe sie, sie ist dort, dort ist sie, genau dort !"

Chihuahua:

„ Peras, puedes comerlas ?"

Westie:

„Hunde wechseln keine Glühbirnen, Menschen
machen das. Ich bin kein Mensch, die Frage ist
also, wie lange wird es noch dauern, bevor ich im
Hellen essen kann ?"

Pudel:

„Ich flüstere dem Border in`s Ohr und er wird es tun.
Bis er fertig ist, wird auch mein Nagellack trocken
sein."

Malinois:

„*Wenn Frauchen sagt, ich kann das, dann kann ich das ! Und wenn sie sagt, ich soll das jetzt machen, dann mach ich das !*"

Basset:

„*z Z z Z z z z Z Z z Z z Z z z z Z z z z …*"

Fox-Terrier:

„*Wenn ich nur lange genug Bitte, Bitte, zu der Glühbirne sage, kommt bestimmt jemand, um sie zu wechseln.*"

Deutsche Dogge:

„*Wenn es dunkel ist, kann ich dann heute bei dir schlafen ?*"

Bobtail:

„*Glühbirne ? Tut mir leid, ich sehe keine Glühbirne.*"

Bulldogge:

„*Ich habe als Ersatz meinen Tennisball in die Fassung geschraubt.*"

Malti - Poo:

„O.K., also ... hmm ... wenn die Birne das wirklich will, na dann wechsel` ich sie, sie muss aber wirklich wollen ...

Saluki:

Diese Glühbirne war mir sowieso immer eine Nuance zu hell.“

Corgi:

„Birne ? William's Christ ?“

Deutsch Drahthaar:

„Ich bin Glühbirnenrein, so etwas kommt mir nicht ins Maul“

Dalmatiner:

„Ich habe die Glühbirne durch eine angesagte LED Lichtleiste getauscht, die auf Bewegung reagiert und die Farbe wechselt.“

Neufundländer:

„Ich setze mich jetzt erstmal hier hin. Irgendwann wird sich die Birne schon wechseln.“

Mops:

„Armes, armes Birnchen, vielleicht kann ich es
aufheitern ?"

Chinese Crested:

„Warte, ich hüpfe und tanze und hüpfe und küsse
die Birne einfach wieder gesund und fröhlich."

Berner Sennenhund:

„Glühbirne ? Ist das was zum fressen ? ... wenn
nicht ... Morgen ist auch noch ein Tag."

(Autor unbekannt)

Wenn ... dann ...

Wenn wir gemeinsam durch die Wälder geh`n,
dabei die Wipfel über uns`re Köpfe zieh`n,

wenn der Wind uns Freiheit spüren lässt
und wir umarmen uns ganz fest,

dann sind wir nicht nur Mensch und Hund.
Dann bleibt die Zeit im Hintergrund.

Dann sind wir zwei verwandte Seelen.
Ich kann das Jedem sehr empfehlen.

(pb)

10 Gründe für einen schwarzen Hund ...

Schwarze Hunde sind im Schnee einfach zu finden.
Schwarze Hunde speichern Wärme. Ideal zum Kuscheln
an kalten Wintertagen.

Ein schwarzer Hund lässt dich schlanker erscheinen.
Schwarze Hunde eignen sich hervorragend für
Versteckspiele in der Nacht.

Schwarze Hunde sehen nie schmutzig aus.
Schwarz passt zu jedem Outfit.
Schwarze Hunde sind immer vorzeigbar,
bei jedem feierlichen Anlass.

Schwarz ist eine Kombination aus allen Farben im
Farbspektrum, dein Hund ist also gleichzeitig blau,
grün, rot, usw.

Auf deinem guten schwarzen Wollmantel ist sein
Haar unsichtbar.

Ein schwarzer Hund ist genauso liebevoll, loyal und
vertrauenswürdig, wie alle anderen Hunde.

(Autor unbekannt)

Das Krokusfeld ...

Wilson sitzt im Krokusfeld,
am ander`n Ende dieser Welt.

Im Wohnmobil mit Hundebett,
find` er das Reisen ziemlich nett.
Von Wien nach Bratislava ging`s,
von dort die Berge rauf nach links.

Die Krokusse von Zilinan,
die haben es ihm angetan.
Wilson sitzt im Krokusfeld,
nach den Häschen Ausschau hält.

(pb)

Die passenden Antworten
auf blöde Fragen ...

Beißt der ... ?
Nein, der schluckt im Ganzen.
Nein, der hat schon gefrühstückt.
Ja glaubst Du, dem graust es vor gar nix ?
Nein, der hat seine Zähne nur, damit er besser aussieht.

Hört der ... ?
Sicher, er reagiert nur nicht.

Tut der was ... ?
In den nächsten 2 Stunden nicht, der verdaut
gerade `ne Trethupe.
Nein, der lebt von der Stütze.

Ist da ein Kampfhund mit drin ... ?
Keine Ahnung, ich hab ihn noch nicht
aufgemacht und reingeschaut.

Mag der Kinder ... ?
Ja, aber ein ganzes schafft er noch nicht.
Ja, aber er kriegt meist normales Futter.

(Autor unbekannt)

Weht der Wind ...

Weht der Wind durch die Frisur,
sagen ich und Wilson nur:
„Ganz egal, die Sonne lacht,
hat uns den Frühling mitgebracht."

(pb)

Mein lieber Freund ...

Ich möcht` einmal danken, dass ich dich hab`
und dass dir der Schöpfer soviel Treue gab,
soviel Liebe in`s Herz und in die Augen gelegt,
das hat mich an dir schon immer bewegt.

Drum sag` ich dir heute: Auch in der Not
teil` ich mit dir mein letztes Stück Brot,
und anstelle der Menschen Hader und Zank
ist mir gewiss dein ewiger Dank.

Geleit` ich dich einmal zur ewigen Ruh`,
und drück` deine treuen Augen dir zu,
dann halt` ich still inne und schäme mich nicht,
wenn Tränen mir rinnen über`s Gesicht ...

Und manchmal, da schau` ich zum Himmel empor,
glaub`, dich bellen zu hören und stelle mir vor:
So, wie ich an ihn - denkt auch er immerdar
an sein Herrchen auf Erden, wo so glücklich er war.

(Autor unbekannt)

Mein Rudi ...

Mein Rudi ist sehr anhänglich -
ein Engel auf vier Pfoten.
Er ist so lieb und zutraulich,
etwas verwöhnt und pingelig,
wenn ihm was Leckeres geboten.

Mein Rudi macht auch alles mit,
ein richt`ger Akrobat -
ist sehr gelehrig, durchaus fit,
folgt mir auf jedem Schritt und Tritt,
sogar bis in das Bad.

Mein Rudi liebt das Spielen
und fordert mich heraus.
Wir toben über Couch und Dielen,
ich krabbel` mit auf allen Vieren.
Mir geht die Puste aus !

Mein Rudi, der ist einfach toll
in Begegnung mit `ner Katze.
In Sichtweite faucht sie, aus Groll,
im Buckelstand - erfahrungsvoll.
Er hebt zum Gruß die Tatze.

Mein Rudi - für mich unentbehrlich,
er hat mich voll im Griff.
Mit seinen Äuglein, treu und ehrlich,
hypnotisiert er mich gefährlich,
als wenn ich Drogen kiff `.

Mein Rudi ist wohl fotogen
und setzt sich gern in Pose.
Kann lächeln wie ein Gentleman,
ist dabei auch hübsch anzuseh`n,
vom Krönchen bis zur Sohle.

Mein Rudi - selbstbewusster Rüde,
ein ganzer Kerl, ein Mann.
Er schnarcht im Schlafe, wenn er müde,
beseelt die Damenwelt nicht prüde,
da er nicht anders kann.

Mein Rudi, du bist wunderbar,
ein zauberhaftes Tier.
Machst mir alltäglich klipp und klar,
wie doch mein Leben leblos war,
bevor du kamst zu mir.

(pb)

Polizeihundeprüfung ...

Schlecht geschnüffelt, hoch geguckt,
eine kleine Maus verschluckt,
fand den Ort nicht, zu verwinkelt,
mehrfach auf die Spur gepinkelt,
einmal leider „Platz" vergessen,
Gänseblümchen aufgefressen,
Hundeführer schlimm genarrt,
zweites Suchobjekt verscharrt,
Pfandwertflaschen fein sortiert,
tote Ratte exhumiert,
die Schleppleine angenagt,
hinter`m Fahrrad her gejagt.

Bin der tollste Hund von allen,
aber leider durchgefallen.

(Autor unbekannt)

Nachtschicht ...

Bin nachts halb vier aufgewacht. Mein Zeh
hatte sich krumm gemacht und tat weh.
Hatte meinen Hund in Verdacht,
dass er auf die diesen lag.
Er ist nicht schwer, der kleine Kerl
aber mein Bett war leer.
Bin dann zum Klo.
Im Dunkeln sowieso,
weil das Licht grellt.
Mein Hund bellt.
Wir sind raus zum Garten.
Er musste auch und ich warten.
Setzte mich solange im Wintergarten
und dann ...
begann mein Kopf zu reimen an.
Eine kleine Lichterschlange
spendete mir bange Schattenlichter.
Ich schrieb halb blind meine Zeilen auf.
Ein Vers war fertig. Bisweilen war es vier.
Ich bin irre, was mach` ich hier ?
Egal. Ob ich´s lesen konnte, glaubt` ich nimmer;
ging latschend zurück in mein Zimmer.
Fing erstaunt an zu lesen. Diesmal mit
Nachttischlampe.

*Sitzend auf meinem Bett erkannte
ich meine Kritzelei. Meine Synapsen bewegten sich
wie Feuerwerke. Dabei merkte ich nicht
einmal, dass mein Hund schnarchte.
Ich schrieb besessen weiter und horchte
den Gedanken meines Hirns.
Nach fünf Versen war ich alle.
Funzel aus, ab in die Falle.
Vielleicht sollte ich öfters in der Nacht
die Sterne begucken, wenn mein Hund Pipi macht.*

(pb)

Der Hund für´s Leben ...

Wer einen Hund in`s Haus genommen,
der hat den besten Freund gewonnen.
Dass dieses Tier das Beste sei,
erzählt man und noch allerlei:

Gehorcht auf `s Wort und bellt nicht viel,
ist stets bereit zu einem Spiel,
mag Kinder gerne, beisst sie nicht;
fast meint man manchmal, dass er spricht.

Vom Aussehen gar nicht erst zu reden.
Für uns ist er der Hund für`s Leben.
So wunderschön und gut geraten.
Dabei verschweigt man all` die Taten,
die unser`m Freund so gut gelingen
und uns auch mal in Rage bringen.

(pb)

Hundepflichten ...

Ein Jagdhund und ein Schäferhund
die trafen sich am Wiesengrund.

Der Schäferhund zum ander`n Tier:
„Was machst du denn in mein` Revier?"

„Ach," sagt der Jagdhund stolz,
„ich jage dort im Unterholz
das Borstenvieh. Die wilden Schweine
vermehren sich in Windeseile.
Ich gehe öfters, nicht allein,
mit Jäger Schulze in den Hain.
Und was machst du den ganzen Tag?"

„Ich bin beim Schäfer unter Vertrag
und hüte Schafe akurat.
Das ist für mich schon längst Routine.
Das geht ganz fix über die Bühne.
Ganz selten, kann ein Schaf entkommen,
das Schwarze mal ganz ausgenommen."

„Na dann, wünsch` ich dir viel Erfolg
mit deinem Heidschnuckenvolk",
erwiderte der Jagdhund bald,
verschwand mit seinem Herrn im Wald.

Wie bei den beiden schon gedacht,
besagt die Rasse, was er macht.
Denn gib` dem Hunde eine Pflicht,
wie´s jeder Art gerecht entspricht,
so wird er stets in seinem Leben
dir treu sein, brav und auch ergeben.

(pb)

Hundeschule ...

Es war einmal ein Schlingel klein,
der hatte den Schalk im Nacken.
Ihm fielen lauter Flausen ein,
mitunter üble Macken.

So kam es nicht von ungefähr,
dass Frauchen sich besann.
Es musste nun ein Trainer her,
der ihn was lehren kann.

Gesagt, getan mit Heiterkeit
und Leckertüte schinkenfein,
begann die Hundeschulenzeit
mit Abschied von den Streicherei`n.

Am 1. Schultag - hoch interessant,
kam er zur Welpengruppe.
Noch klein, verspielt und ungebannt
war ihm so Manches schnuppe

Dann folgten: Sitz, Platz, Fuß und Bleib.
Er lief nun artig an der Leine.
Das Schnüffeln, war sein Zeitvertreib,
nicht nur an Friedas Beine.

Und heute ist er voller Eifer,
mit Spaß, gelehrig am Jonglieren,
von Tag zu Tag wurde er reifer.
Vielleicht wird Hündchen `mal studieren ?

(pb)

Hundereformation ...

Keine Kirche, keine Tür
ist so groß, dass sie benägelt
mit den Hundethesen für
eine Welt, die neu geregelt.

Vom Verspeisen angefangen,
wie's Asiaten gerne tun,
bis zu Justizia's Waagestangen,
das Tier als Sache und Konsum.

Mensch, wie kannst du das verhindern,
dass ein Tier nur Sache ist?
Muss ich dich daran erinnern,
dass du dann auch nur eine bist?

Ja, wau, wau, auch ihr seid Tiere
und die Schlimmsten obendrein.
Also, was soll das Geschmiere
im Gesetzbuch bitte sein?

Jedes Wesen hat ein Herz
und besitzt ein Seelenleben.
Fühlt, wie du, auch großen Schmerz.
Warum keinen Wert ihm geben?

Was macht euch so arrogant ?
Meint, ihr habt den Gral des Lebens ?
Was bei jedem Hund ich fand,
suchte ich bei euch vergebens.

(pb)

Hund in Aichach verhungert

Finanzamt Ahlen pfändet Hund der Kinder

Chow-Chow lecker lecker

Chinesen essen Hunde

Bentzin: 2 Hunde erfroren und verhungert

Hund versehentlich erschossen
Jäger sah angeblich ein Wildschwein

Alles meins ...

Wenn ich`s mag, ist es meins.

Wenn ich`s im Maul habe, ist es meins.

Wenn ich`s dir wegnehmen kann, ist es meins.

Wenn ich was zerkaue, sind alle Teile meins.

89

Wenn ich`s vor `ner Weile schon mal gehabt habe,
ist es meins.

Wenn`s meins ist, hast du nie wieder `ne Chance,
dass es `mal deins wird.

Wenn`s so aussieht, als ob es meins wäre,
dann ist es meins.

Wenn ich`s zuerst gesehen hab`, ist es meins.

Wenn du etwas weglegst, mit dem du gespielt hast,
ist es automatisch meins.

Wenn`s kaputt ist, ist es deins.

(pb)

Gedanken eines alternden Hundes ...

Über süße Welpen wird gesprochen,
wenn wir sterben, sind Herzen gebrochen.
Wir bleiben nicht jung und können nur gefallen,
uns geeht`s wie den Menschen, so wie euch allen.

Ball holen, rennen und toben,
ich würde es gern auf ewig geloben.
Ob Mischling oder aus einer Zucht,
vor dem Alter gibt`s keine Flucht.
Die Schmerzen werden mehr, der Körper schwach,
sind wir dann noch willkommen unter eurem Dach?

Lange Spaziergänge sind tabu,
ich brauche im Alter einfach mehr Ruh.
Ich gab euch Trost in schwerer Stunde,
jetzt gehöre ich zu den Bedürftigen in unserer Runde.
Ein alter Hund ist treu und auch klug,
er stand euch zur Seite, oft mit viel Mut.

Liebe Menschen, seht es uns an,
wenn dein Hund nicht mehr alles kann.
Mir geht es gut, welch` ein Glück,
meine Zweibeiner geben viel Liebe zurück.
Ich habe gewacht, Tag und Nacht,
jetzt ist`s an der Zeit und sie geben acht.

Nicht jeder von uns wird sorgsam gepflegt,
ich wünsch` dir als Mensch, dass es dir nicht so geht.

Bei uns sind wir füreinander da,
wie engste Freunde, ist doch klar.

Wir halten zusammen, wie lang es auch dauert,
die Frage ist letztlich, wer wann um wen trauert .... ?

(Christiane Kohlruss)

Der neue Hundeplatz ...

Ich geh´ mit meinem alten Herrn,
mit Tütchen an sei`m Gürtel,
zum Geschäftemachen gern,
abends um unser Viertel.

Da schnupper` ich mal hier, mal da,
an Bäumchen oder Hecke
und wenn`s nach Dame riecht sogar,
mein Köpfchen langhals strecke.

Nun gibt`s seit Kurzem, wie ich hörte,
in uns`rer kleinen Stadt
`nen Hundeplatz der mich empörte -
kein Baum, kein Strauch, kein Blatt.

Dort riecht es clean und nicht nach Hund,
der ist halt nagelneu.
Vielleicht ist das der wahre Grund:
Der Platz macht Hunde scheu.

(pb)

Helden auf vier Pfoten ...

Helden, die den Einsatz wagen,
was sind das für Aufspürnasen,
Lebensretter und Beschützer,
talentierte Unterstützer.

Ob beim Zoll, beim THW,
Polizei, DLRG ...
Welchen Dienst sie auch besitzen,
es sind alles Spezialisten.

Temperamentvoll, konzentriert,
von den Tätern respektiert,
mit besond'ren Fähigkeiten
in allen ihren Tätigkeiten.

Diese Helden auf vier Pfoten
steigern die Ermittlungsquoten.
Sie verdienen hohe Ehren.
Welche Not, wenn sie nicht wären.

(pb)

Schritt für Schritt ...

Es ist schon etwas Zeit vergangen,
als ich als Kind ein´ Hund gehabt,
Möcht´ viel Wissen schnell erlangen
mit Rütter + Co. hab`ich`s gewagt,
Schritt für Schritt.

Bin sorgsam mit dir umgegangen,
hab immer wieder nachgefragt.
Bin locker, nicht mehr so befangen,
hast dich bei mir auch nicht beklagt.
Schritt für Schritt.

Zum Hundesport sind wir gegangen,
warst fröhlich, mutig und begabt.
Gesprungen über Balken, Stangen,
beim Training hast du nie versagt.
Schritt für Schritt.

Du bist der klügste Hund von allen.
Seit Jahr und Tag mein größtes Glück,
Herrn Einstein hätt`s du gut gefallen,
vielleicht holt einer den zurück ?
Schritt für Schritt.

(pb)

Was ein kleiner Hund nicht weiß ...

Ein kleiner Hund macht kleine Haufen, meistens nicht mal häufig.

Ein kleiner Hund ist auch viel weniger läufig.

Ein kleiner Hund bellt lauter als die Größten die ich kenne.

Ein kleiner Hund zieht an der Leine, auch wenn ich gar nicht renne.

Ein kleiner Hund macht Pipi und man sieht es kaum.

Es sei denn, es ist Pipi unter`m Bonsai-Baum.

Ein kleiner Hund macht fiese Sachen niemals unter Frauchens Blick.

Ein kleiner Hund macht „Wuff" und es klingt,
wie ein kleines Missgeschick.

Ein kleiner Hund passt in den kleinsten Rucksack.

Ein kleiner Hund ist schnell auf Zack.

Ein kleiner Hund hat, wie es scheint, kaum wirklich
was zu bieten.

Man tritt oft auf ihn, er fällt nicht auf und schützt nicht
vor Banditen.

Doch eines sollten kleine Hunde bitte schön doch wissen:

Ein kleiner Hund ist manchmal das, was Grosse gerne
wären: Bezaubernd niedlich.

(pb)

Hundewunsch ...

Wünschst du dir einmal ein Hündchen,
denk` gut vorher drüber nach.
Du sollst immer für ihn da sein,
jeden Tag und manches Jahr.

Es gibt nicht nur frohe Stunden,
manchmal fordert`s auch Verzicht.
Jeden Tag möchte`s deine Liebe,
sieh`s doch mal aus seiner Sicht.

Es will sich dir anvertrauen,
dich beschützen bei Gefahr.
Will sein ganzes Herz dir geben
und dies viele, lange Jahr`.

Leider bist du nicht so stetig,
hast geändert deinen Sinn.
Schiebst den Kleinen ab in`s Tierheim,
kein Gedanke wandert hin.

Hast dem Tier das Herz gebrochen,
es versteht die Welt nicht mehr,
war`s doch immer brav und artig,
doch du kommst nie wieder her.

Traurig denkt`s an schön`re Stunden
als du spieltest noch mit ihm.
Doch du hast ihn längst vergessen.
Zu and`ren Dingen zieht`s dich hin.

Darum mache dir Gedanken.
Hol` nicht leichtfertig ein Tier,
nur wenn du willst zu ihm halten,
denn es hält ja auch zu dir.

(Christina Telker)

Großartig wie mein Hund ...

Wenn du den Tag fröhlich beginnen könntest,
ohne schlechte Laune zu verbreiten ...

Wenn dein Zigarettenkonsum NULL wäre und die
Luft nicht von dir verpestet würde ...

Wenn du Alkohol doof fändest und im Traum nicht
darauf kämst, das Zeug zu trinken ...

Wenn Geld dir nichts bedeuten würde, weil ganz andere
Werte für dich wirklich zählen ...

Wenn du gar nicht wüsstest, was Lüge ist und deshalb
niemals lügen würdest ...

Wenn du immer fröhlich wärst und Wehwehchen und
Schmerzen völlig ignorieren könntest ...

Wenn du gut duften würdest, ohne dich ständig
mit Chemie zu besprühen ...

Wenn du 100 % echt daher kämst, authentisch und
gradlinig, wenn gänzlich unverbogen dein
Charakter wäre ...

Wenn Zeit dir nichts bedeuten würde, weil du sie gar
nicht wahrnimmst, niemals unter Zeitdruck stündest ...

Wenn Mode, Selbstdarstellung und Fremdwahrnehmung dir am Arsch vorbei ginge, weil nur du dein eigener Maßstab bist, sonst niemand ...

Wenn fast alle Menschen Respekt vor dir hätten, wenn du nur das Maul aufmachst ...

Wenn du nur das tun würdest, was du wirklich willst, nicht 2 Minuten etwas anderes ...

Wenn Du jeden Tag das Gleiche essen würdest und dafür auch noch dankbar wärst ...

Wenn du gelassenes Verständnis dafür hättest, dass die Menschen, die du liebst, manchmal ohne erkennbaren Grund ihre Aggression an dir auslassen würden ...

Wenn du den reichen Freund nicht besser und nicht schlechter schätzt, als den armen Schlucker ...

Wenn du der Welt ohne jede Tarnung und ohne jede Täuschung gegenüberstehen würdest ...

*Wenn du nur Respekt vor dem Menschen hättest,
niemals Ehrfurcht vor Funktion, Rang oder
sozialer Stellung ...*

*Wenn du immer nur die Wahrheit und nichts als die
Wahrheit an andere vermitteln würdest ...*

*Wenn du gar nicht wüsstest, was Korruption ist und du
deshalb niemals korrupt wärst, sondern unbestechlich
durch`s Leben gehen würdest ...*

*Wenn du sagen könntest, dass es in deinem Herzen
keine Vorurteile gegen die verschiedenen Rassen, Religionen, Weltanschauungen gäbe ...*

*Wenn Du bedingungslos lieben könntest und du alles
tun würdest, um den dir anvertrauten Menschen zu fördern, zu entwickeln ...*

*Wenn du täglich alles geben würdest, damit dein geliebter
Partner glücklich wäre ...*

Wenn du niemals mit Erwartungen und Schuldzuweisungen daher kommen würdest ...

*Wenn du treu und loyal zu deinen Lieben stehst, bis in
den Tod ...*

Wenn du die Menschen, die du liebst, niemals betrügen würdest ...

Wenn emotionale Erpressung für Dich unbekannt wäre und du niemals seelischen Druck auf andere ausüben würdest ...

Wenn du lieber sterben würdest, als den geliebten Menschen jemals zu enttäuschen ...

Tja, dann, mein Freund, dann wärst Du fast so ein feiner Kerl, wie mein Hund ...

(pb)

Verzeichnis der Fotos und Grafiken ...

Seite 30 ... Hund Wilson segelt
© by Petra Busch

Seite 31 ... Hund Wilson segelt
© by Petra Busch

Seite 36 ... Petra Busch und Hund Wilson
© by Petra Busch

Seite 39 ... Hund eingesperrt
© by Flickr Stock Photo Vancouver,
© by seerocka

Seite 41 ... Hund Wilson im Büro
© by Petra Busch

Seite 42 ... Katze schreit
© fotolia New York,
© by Caro S.

Seite 45 ... Hund Wilson
© by Petra Busch

Seite 47 ... Hund Wilson
© by Petra Busch

Seite 51 ... Hund
© by Petra Busch

Seite 52 ... Hund Wilson
© by Petra Busch